Les grandes pollutions

Textes d'Anne Lesterlin
Illustré par Isabelle Maroger
et Laurent Audouin (couverture et page 1)

MILAN
jeunesse

Charte de l'environnement

Extrait

Chacun a le droit de vivre dans un environnement équilibré et respectueux de la santé. (Art. 1er.)

Toute personne a le droit de prendre part à la préservation et à l'amélioration de l'environnement. (Art. 2.)

Texte adopté par le Parlement réuni en Congrès, le 28 février 2005.

SOMMAIRE

Les mots signalés par un astérisque (*) à leur première utilisation sont expliqués dans le glossaire p. 30.

Disons NON à la pollution !

Vingt ans après l'explosion de Tchernobyl, les effets des radiations nucléaires font encore des victimes. Sept ans après le naufrage du pétrolier *Erika*, on se souvient des milliers d'animaux morts et l'on redoute les prochaines marées noires. Ces événements spectaculaires nous rappellent combien les activités humaines sont dangereuses pour l'homme et la planète.

Mais d'autres pollutions, plus discrètes, sont tout aussi néfastes : gaz divers et variés, produits chimiques en tout genre, fumée de cigarette, ordures, eaux usées, bruits, champs électromagnétiques. Souvent invisibles, les différentes sources de pollution ont des effets pourtant bien visibles sur l'environnement et la santé humaine !

Tous les êtres vivants participent au grand cycle de la vie ! Mais l'homme a la mauvaise manie de déséquilibrer tout ça... Il fabrique des molécules nouvelles, comme les plastiques et les pesticides, que les bactéries sont incapables de digérer. Ces déchets non biodégradables s'accumulent sans que l'on sache comment s'en débarrasser... L'homme envoie aussi dans l'atmosphère* des quantités si importantes de gaz que la nature sature et n'arrive plus à tout absorber. Peu à peu, la composition de l'air que nous respirons change et le climat se détraque.

Chacun de nous est un peu responsable de ce grand déséquilibre. Pourtant, si tout le monde s'y met, il est encore temps d'inverser la tendance. À travers ces pages, tu prendras conscience des gestes à éviter et tu découvriras des dizaines de conseils à partager avec ta famille et tes amis. C'est parti !

La pollution de l'air

L'air que nous respirons est un mélange très précis de différents gaz : beaucoup d'azote et d'oxygène, plus d'infimes quantités de dioxyde de carbone (CO_2*), d'ozone (O_3), et de bien d'autres encore. Mais avec ses voitures, ses usines et son agriculture intensive, l'homme rejette beaucoup de gaz dans l'atmosphère et modifie cet équilibre fragile. La planète a le mal de l'air et s'asphyxie...

Palmarès des villes

Difficile de dire quelle est la ville la plus polluée au monde... Mexico rivalise avec Katmandou (Népal), Delhi (Inde), Bangkok (Thaïlande) et une quinzaine de grandes villes chinoises. Leurs points communs : trop d'habitants, trop de voitures et pas assez d'espaces verts !

Paradoxe de l'auto

Grâce aux progrès techniques, les moteurs et les carburants deviennent de plus en plus « propres ». Mais le nombre de véhicules augmente tellement qu'au total, ils polluent bien plus que l'industrie et l'agriculture.

Brouillard de fumée

Au soleil, les gaz d'échappement des voitures se transforment en ozone, un gaz qui pique les yeux et fait tousser. Les grandes villes ensoleillées, comme Marseille et Athènes, sont donc souvent recouvertes d'un grand nuage jaune : le « smog ». C'est la contraction des mots anglais *smoke* (« fumée ») et *fog* (« brouillard »).

Toute l'année
À Mexico, le seuil d'alerte à la pollution* est dépassé 320 jours par an !

Richesse et pauvreté

Dans les pays occidentaux, on développe de plus en plus de **technologies** pour traiter l'air qui sort des usines, réduire la pollution des autos, etc. Mais les villes des pays pauvres **n'ont pas les moyens** et enregistrent des records de pollution…

Bulletin de l'air
Pour savoir si l'air est pollué près de chez toi, consulte le site www.buldair.org.

Teste tes connaissances

(Une question peut avoir plusieurs réponses.)

1. Tes poumons absorbent chaque jour :
A ❍ 150 litres d'air.
B ❍ 1 500 litres d'air.
C ❍ 15 000 litres d'air.

2. Tu expires :
A ❍ du dioxyde de carbone (CO_2).
B ❍ de l'oxygène (O_2).
C ❍ de l'eau (H_2O).

3. Comment surveille-t-on la qualité de l'air ?
A ❍ Grâce à des capteurs installés dans les villes.
B ❍ En observant la présence ou non de lichen sur les arbres.
C ❍ En reniflant les (mauvaises) odeurs.

4. En un siècle, la température à la surface de la Terre a augmenté de :
A ❍ 0,6 °C.
B ❍ 1,5 °C.
C ❍ 4,2 °C.

5. Quelle est la durée de vie du CO_2 dans l'atmosphère ?
A ❍ 20 ans.
B ❍ 60 ans.
C ❍ 125 ans.

6. Combien existe-t-il de gaz à effet de serre ?
A ❍ 2.
B ❍ 6.
C ❍ 12.

Réponses p. 31.

La pollution de l'eau

Avec la pluie, la pollution de l'air retombe au sol et s'infiltre dans les nappes d'eau souterraines. Les rivières, les fleuves et les mers récupèrent aussi les pesticides et les engrais de l'agriculture, ou encore les substances toxiques, la radioactivité* et les métaux lourds rejetés par l'industrie. Les plantes et les animaux avalent ces produits qui finissent... dans nos verres et nos assiettes. De quoi couper l'appétit !

Eau souillée

En Europe, seulement la **moitié** des eaux usées sont nettoyées dans des stations d'épuration avant de rejoindre la nature. Et dans le reste du monde, la situation est encore pire !

Mer dépotoir

La mer commence à ressembler à une poubelle... Les **bateaux**, dans leur sillage, laissent du carburant, des peintures toxiques, des déchets. Même si c'est totalement **illégal**, certains navires se débarrassent de leurs huiles sales en pleine mer. Ces **dégazages sauvages** polluent bien plus que les marées noires qui sont beaucoup plus rares.

Mange plus sainement

La pollution est omniprésente et tous nos aliments sont contaminés. Pour « limiter la casse », il existe plein d'autres astuces pour consommer le plus sainement possible. Trouve-les en reliant chaque conseil à la bonne explication.

Conseils

1. Lave ou pèle les fruits et les légumes.

2. Alterne les espèces de poissons.

3. Avant de boire l'eau du robinet, laisse-la un peu couler.

4. Achète des produits locaux.

5. Mange équilibré.

6. Mange des produits frais plutôt que des conserves et des plats cuisinés.

7. Lis les étiquettes et renonce aux produits contenant des OGM*.

Mer d'huile

Les marées noires sont toujours des catastrophes écologiques. Englués dans le pétrole, les animaux marins ne sont plus capables de flotter et de se réchauffer. D'autres meurent en avalant des boulettes de goudron. En 1999, le pétrolier *Erika* a coulé au large de la Bretagne en tuant 300 000 oiseaux de 64 espèces différentes ! Si, par malheur, une marée noire se propageait près de chez toi ou de ton lieu de vacances, n'hésite pas à aider les « nettoyeurs » des plages. Et n'oublie pas de te protéger avec des bottes et des gants !

L'Europe malade

Les mers d'Europe sont les plus polluées du monde !

Explications

A. Faire venir des produits de l'autre bout du monde pollue énormément.

B. Dans les vieilles habitations, les tuyaux d'eau sont en plomb, un métal très toxique. Il ne faut pas en avaler !

C. Les polluants se concentrent à la surface des végétaux.

D. Un corps bien alimenté, en bonne santé, résiste mieux à la pollution ambiante.

E. On ne connaît pas bien les risques des OGM sur l'environnement et la santé.

F. Les thons et les saumons accumulent beaucoup plus de polluants que les poissons herbivores.

G. Les aliments emballés en boîte engendrent beaucoup plus de déchets que les produits frais. Et ils ont moins bon goût !

Réponses p. 31.

La pollution intérieure

Tu te crois bien à l'abri chez toi ? Pas si sûr... On s'est aperçu que l'air de la maison est souvent 10 fois plus pollué que dehors ! La faute aux composés organiques volatils (COV). Ces produits chimiques s'échappent des peintures sur les murs, des colles et vernis contenus dans les meubles, les parquets et les charpentes. On les trouve aussi dans les produits d'entretien, les shampoings, les vêtements et les cigarettes.

Pollution vivante

Chiens et **chats** sont des « pollueurs » : leurs poils et leur salive peuvent provoquer des allergies. Les **acariens** aussi : ces bêtes microscopiques sont des millions à peupler ton lit et la moquette ! Et dans les maisons humides, des champignons minuscules, les **moisissures**, libèrent des toxines dangereuses pour la santé.

Vieux ennemis

L'amiante (une roche naturelle) et le plomb (un métal) sont aujourd'hui interdits en France, mais on en trouve encore dans les vieux bâtiments. Cachées dans les murs et les plafonds, les fibres d'amiante provoquent des cancers. Le plomb, lui, se trouve surtout dans les tuyaux d'eau et les peintures. Il est à l'origine d'une maladie grave, le saturnisme, qui atteint le système nerveux.

Tabac tabou

La fumée de cigarette est un vrai poison ! Elle contient plus de **4 000 substances** comme des COV, du formaldéhyde, du benzène, du monoxyde de carbone (CO). Et plus de 60 d'entre elles sont cancérigènes*...

Fumée mortelle

Les fumeurs intoxiquent aussi leur entourage avec leur fumée : c'est le tabagisme passif. En France, il tue au moins 3 000 personnes par an !

Polluants modernes

De **nouvelles molécules** aux noms barbares apparaissent depuis quelques années : les retardateurs de flamme bromés dans les ordinateurs et les télés, les phtalates dans les jouets en plastique, les alkylphénols dans les produits de beauté. On ne connaît pas encore bien leurs effets sur la santé...

Attention au réglage...
Les appareils de chauffage mal réglés libèrent des gaz dangereux. Il faut les contrôler tous les ans.

Mène ton enquête

Pendant une semaine, note le temps que tu passes chaque jour dans des espaces clos : à la maison et à l'école, bien sûr, mais aussi dans la voiture ou le bus, au cinéma, dans les magasins, etc.
Pour connaître la proportion de temps que tu passes « enfermé », fais ce petit calcul :

$$\frac{\text{résultat de ton enquête} \times 100}{168}$$

(c'est le nombre d'heures dans une semaine = 24 h x 7 jours)

Les statistiques montrent qu'en moyenne, nous passons 85 % de notre temps à l'intérieur !

On n'y pense pas...

À ton avis, quel est l'ennemi public n° 1 des Français ? Le bruit ! Eh oui, c'est une pollution et c'est celle qui dérange le plus. Au-delà des produits chimiques, des déchets et des gaz à effet de serre*, beaucoup de choses sont considérées comme de la pollution. Les mauvaises odeurs, par exemple. D'ailleurs, dans les grandes villes, des personnes surveillent la qualité de l'air en le reniflant. Ce sont les « nez bénévoles » !

Des ondes qui inquiètent

Les scientifiques ne savent pas si le champ électromagnétique émis par les **téléphones portables** est dangereux pour le cerveau. Ils soupçonnent aussi les lignes à haute tension de causer des cancers chez les enfants qui vivent à proximité...

Des gènes qui se baladent

La jacinthe d'eau, originaire d'Amérique latine, est très belle. Mais elle se multiplie si vite qu'elle envahit nos rivières et les asphyxie... En introduisant des **espèces étrangères**, les hommes déséquilibrent les écosystèmes*. On parle de pollution biologique.

« Voir » le bruit

IL TE FAUT :

- **1 boîte en métal et son couvercle**
- **1 cuillère en bois**
- **du film en Cellophane**
- **du sucre en poudre**

1. Retire le couvercle de la boîte et remplace-le par du film en Cellophane bien tendu.

2. Verse une pincée de sucre sur ce « tambour ».

3. Tiens le couvercle au-dessus et frappe-le avec la cuillère en bois.

Les grains de sucre se mettent à danser en rythme avec la musique ! Le bruit est fait d'ondes qui se propagent dans l'air, comme des vagues, et font vibrer la « peau » du tambour.

Des déchets encombrants

Les centrales nucléaires ne polluent pas mais n'oublions pas qu'elles produisent des **déchets radioactifs** très dangereux. Et pour le moment, on ne sait pas comment s'en débarrasser...

Prudence avec ton portable

- N'utilise pas ton portable dans les zones qui captent mal.
- Attends la connexion avant de placer l'appareil à ton oreille.
- Utilise un kit mains libres !

Les effets du bruit sur la santé

Niveau sonore (en décibels)	Exemple de source	Sensation, effet sur l'oreille
10 dB	-	• son tout juste perceptible (seuil d'audibilité)
20 dB	• chuchotement, vent léger	• difficile à entendre
40 dB	• jardin calme	• très calme
60 dB	• conversation normale	• calme
70 dB	• restaurant bruyant	• supportable, mais désagréable
90 dB	• rue au trafic intense	• très pénible (seuil de danger)
110 dB	• concert, discothèque	• assourdissant, danger pour l'oreille si l'exposition dure longtemps
120 dB	• décollage d'un avion	• l'oreille est endommagée (seuil de la douleur)

dB = décibel*

Pétarades de scooter, aboiements de chien, hurlements de bébé : tous ces bruits énervent. À la longue, ils fatiguent, déconcentrent, rendent agressif. Les bruits violents abîment aussi les oreilles et peuvent rendre sourd.

La pollution naturelle

Même si l'homme se cache derrière la plus grande partie de la pollution, avec ses voitures, ses usines, ses cigarettes, ses pesticides et ses déchets en tout genre, il n'est pas coupable de tout. La nature elle-même est parfois un peu responsable...

Dans les champs

Les pets et les rots des vaches et de leurs copains ruminants sont pleins de méthane (CH_4), un puissant gaz à effet de serre. Ils en produisent 80 millions de tonnes chaque année à travers le monde ! Les rizières arrivent en 2e position, avec 60 millions de tonnes. Et ces chiffres ont tendance à grimper car l'élevage et la culture du riz augmentent tous les ans...

Bain radioactif

87 % de la radioactivité que nous subissons provient des rayons cosmiques qui bombardent la Terre et des roches naturellement radioactives comme le granite. On en trouve beaucoup en Bretagne, dans le Massif central et en Corse.

Crée une éruption volcanique

IL TE FAUT :

- 1 grand bocal en verre
- 1 petite bouteille en verre
- 1 ficelle
- de l'eau
- de l'encre rouge ou du colorant alimentaire
- 1 pinceau

1. Noue la ficelle autour du goulot de la bouteille pour faire une poignée.

2. Remplis le bocal aux 2/3 avec de l'eau froide.

Chaud devant

Les incendies et les éruptions volcaniques dégagent dans l'air des quantités considérables de gaz dangereux pour la santé et d'aérosols*. Ces micropoussières abîment nos poumons et participent au réchauffement climatique.

Volcan détonant

En 1991, aux Philippines, le volcan Pinatubo a craché 20 millions de tonnes de dioxyde de soufre à 20 km d'altitude. En bloquant une partie des rayons du soleil tout autour de la Terre, ce gigantesque nuage, qui a mis plus de 2 ans à disparaître, a provoqué un petit refroidissement temporaire du climat !

Vague mortelle

Le terrible tsunami qui a frappé le Sud-Est asiatique en 2004 a pollué les nappes souterraines et les puits avec de l'eau sale et salée.

Mauvaise surprise

Les lacs de Sibérie, en dégelant, libèrent beaucoup plus de méthane qu'on ne le pensait : probablement 3,8 millions de tonnes par an !

3. Remplis entièrement la bouteille avec de l'eau chaude.

4. Colore l'eau chaude en rouge avec le pinceau et l'encre. Remue bien.

5. Tiens la bouteille par la poignée, bien droite, et fais-la descendre doucement dans le bocal.

Ton volcan crache son feu !
L'eau rouge représente la lave, les gaz et les poussières qui s'échappent d'un volcan et sont très chauds. Gaz et poussières tendent naturellement à monter et s'envolent haut dans le ciel.

Mauvais pour la santé

Après l'explosion de la centrale nucléaire de Tchernobyl, des milliers de bébés sont nés malformés et des milliers de personnes sont mortes d'un cancer. Mais les grandes catastrophes ne sont pas les seules à nous empoisonner. Tous les jours, nous respirons de petites doses de gaz toxiques, nous mangeons d'infimes quantités de produits chimiques. Difficile de connaître précisément les effets à long terme de cette pollution ambiante.

Mal de l'air

Certains disent que la pollution atmosphérique tue chaque année 3 000 personnes en France. D'autres parlent de 10 fois plus ! Les voitures sont les principales coupables. Elles rejettent des gaz irritants. Et les particules des moteurs Diesel sont si fines qu'elles pénètrent jusque dans nos poumons et y font de gros dégâts.

Scandaleux

En août 2006, un bateau, le *Probo Koala*, a déversé 400 tonnes de déchets toxiques à Abidjan, en Côte d'Ivoire. Les émanations de ces produits ont tué au moins 7 personnes et en ont intoxiqué des milliers d'autres.

De lourdes conséquences

Mercure, cadmium, plomb, chrome, cuivre, zinc : à faible dose, ces métaux sont indispensables à notre organisme. Les ennuis commencent quand on en avale trop. **Le cadmium**, par exemple, provoque de graves problèmes aux reins. **Le mercure** et le plomb attaquent notre système nerveux.

À bout de souffle

En France, le nombre d'enfants asthmatiques a doublé en 10 ans à cause de la pollution atmosphérique.

Maladie du siècle

Les scientifiques estiment que 80 % des cancers sont dus à l'environnement et sa pollution...

Teste tes connaissances

1. Que signifie COV ?
A ○ Coq au vin.
B ○ Classé ordinairement virulent.
C ○ Composé organique volatil.

2. Combien y a-t-il de substances cancérigènes dans une cigarette ?
A ○ 5.
B ○ 60.
C ○ 4 000.

(Une question peut avoir plusieurs réponses.)

3. Le bruit peut rendre :
A ○ sourd.
B ○ anxieux.
C ○ fatigué.

4. Chaque année, combien les chimistes créent-ils de nouvelles molécules ?
A ○ 10.
B ○ 100.
C ○ 1 000.

5. Qui respire le plus de pollution ?
A ○ L'automobiliste.
B ○ Le cycliste.
C ○ Le piéton.

Réponses p. 31.

SOS nature

En polluant, l'homme ne fait pas du mal qu'à lui-même. Il dérègle aussi la planète et tue les plantes et les animaux. Réchauffement climatique, disparition d'espèces, pluies acides : la nature ne supporte plus notre pollution et nous envoie des messages d'alerte. Il est grand temps de l'écouter !

Du plomb dans l'aile

Les métaux lourds répandus dans l'eau font des ravages. La peinture à **l'étain** qui recouvre la coque des cargos rend les huîtres stériles. Dans les étangs et les marais, **le plomb** des cartouches de chasse finit dans l'eau : les oiseaux qui ont échappé aux balles l'avalent et s'empoisonnent. Depuis 2006, ce type de munition est interdit en France dans les zones humides.

Pluie au vinaigre

Dans certains endroits, la pollution de l'air rend la pluie aussi acide que du vinaigre. En retombant, cette eau **détruit** les forêts et tue les poissons. En Norvège, si beaucoup de lacs sont si bleus, c'est parce que plus rien n'y vit...

Un trou là-haut

L'ozone (O_3) est un gaz naturellement présent entre 12 et 40 km au-dessus de nos têtes. Il forme une couche protectrice contre les rayons dangereux du soleil. Mais ce bouclier est grignoté par le chlore contenu dans les CFC, des gaz que l'on utilisait dans les frigos et les bombes aérosols. Les CFC sont aujourd'hui interdits, mais ils vivent très longtemps dans l'atmosphère et vont encore faire des dégâts pendant plus de 100 ans...

Planète en surchauffe

Depuis 1860, la température moyenne à la surface de la Terre a augmenté de 0,6 °C. Et d'après les climatologues, si rien ne change, il fera 1,4 à 5,8 °C de plus en 2100...

Comble de la clim

En nous rafraîchissant, la climatisation réchauffe le climat ! Elle rejette des gaz à effet de serre encore plus puissants que le CO_2.

Fabrique ton Memory

IL TE FAUT :

- **1 feuille de papier cartonné**
- **une règle**
- **des ciseaux**
- **des feutres et des crayons de couleur**

1. Après avoir tracé un quadrillage d'environ 4 cm de côté sur le papier, découpe les carrés.

2. Forme des tas de 2 carrés : colore chacun de ces couples de la même couleur, sur une seule face.

3. Dessine un type de pollution sur l'une des cartes et son effet sur l'autre carte.

4. Pour jouer, mélange les cartes et dispose-les au hasard, en cachant la face dessinée. À tour de rôle, chaque enfant retourne 2 cartes pour essayer de retrouver les couples (de même couleur). S'il retrouve un couple, il récupère ces 2 cartes. Sinon, il les replace face cachée au même endroit.

Le gagnant est celui qui a trouvé le plus de couples.

Globe-trotteuse

La pollution a la bougeotte. Alors, pour voir du pays, elle a trouvé plein d'astuces. Elle se laisse pousser par les vents et les courants marins. Ou bien elle s'invite dans le corps d'animaux voyageurs. Pas besoin de passeport pour parcourir des milliers de kilomètres !

Gros courants d'air

En 1991, les cendres du volcan **Pinatubo** ont été projetées tellement haut qu'elles ont fait plusieurs fois le tour de la Terre avant de retomber au sol ! Et le nuage radioactif de **Tchernobyl** a traversé toute l'Europe, puis il a dérivé jusqu'en Amérique du Nord et au Japon.

LE COMBLE DE LA POLLUTION

1 • Une usine pollue l'océan.

2 • Les saumons s'intoxiquent.

3 • Les poissons migrent en Alaska.

4 • Les phoques chassent les saumons malades.

5 • Les Inuits se nourrissent de saumons et de phoques.

Le sang de certains Inuits (les habitants de la banquise) contient plus de polluants que celui des Américains vivant à côté des sites industriels ! C'est parce que les produits toxiques se concentrent peu à peu le long de la chaîne alimentaire, en passant des saumons aux phoques puis aux humains. On parle de bioaccumulation*.

Pollueurs malgré eux

Très peu de gens vivent sur la **banquise**. Pourtant, elle est de plus en plus polluée. La faute aux oiseaux **migrateurs** ! Ils ingurgitent des poissons pollués près de nos côtes et sont à leur tour contaminés par des produits dangereux. Arrivés en Arctique, ils les rejettent dans leurs déjections.

Voyage sidéral

L'homme pollue même l'espace avec des satellites hors d'usage et des débris de fusées !

Voyageurs clandestins

Un peu partout dans le monde, des plantes et des animaux envahissent notre territoire en voyageant dans les cales des bateaux et les soutes des avions. Ces **pollueurs biologiques** (voir p. 10-11), qui n'ont rien à faire là, menacent la survie des espèces locales.

La pollution aux multiples visages

Dans ce dessin, trouve 6 sources de pollution qui font du mal à notre pauvre planète.

Merci les plantes !

Toutes les plantes vertes nous rendent un sacré service : grâce au phénomène naturel de la photosynthèse*, elles captent le CO_2 de l'air et transforment ce gaz à effet de serre en carbone et en oxygène. Le carbone est stocké dans la plante et l'oxygène rejeté dans l'air. Les forêts sont donc appelées des « puits de carbone ». Mais gare aux incendies : en brûlant, les arbres libèrent le carbone emprisonné, et le CO_2 retourne polluer notre atmosphère.

Station verte

Roseaux, iris, saules : la nouvelle station d'épuration de **Honfleur**, en Normandie, utilise des plantes de toutes sortes pour **assainir** les eaux polluées de la ville. Ces « jardins filtrants » mangent même les mauvaises odeurs de la station !

Métal au menu

Environ 400 espèces de plantes sont capables de décontaminer les sols pollués. Leurs **racines** captent les métaux lourds et les hydrocarbures* qui sont ensuite détruits ou stockés dans les **feuilles** et les **tiges**. Dans ce cas, on peut même récupérer les métaux et les recycler.

CHACUN SA SPÉCIALITÉ

Certaines plantes sont plus douées que d'autres pour lutter contre les différentes pollutions.

- Le saule : cadmium, zinc, plomb.
- La moutarde indienne : plomb et cuivre.
- Le maïs : hydrocarbures.
- Le roseau, l'iris : eaux sales.

Gazon efficace

En Europe, on plante des bandes d'herbe autour des champs pour **retenir** les pesticides quand il pleut. Stoppés dans leur course, ces produits toxiques n'atteignent plus les rivières et les nappes souterraines.

Poumon asphyxié

Chaque hectare de la forêt amazonienne absorbe 5,6 tonnes de CO_2 par an. Mais le « poumon vert de la Terre » est en train de disparaître...

Observe la photosynthèse

Il te faut :

- **une plante d'aquarium (myriophylle par exemple)**
- **une bassine**
- **un grand bocal**
- **de l'eau**
- **du bicarbonate de soude**

3. Glisse la plante dedans, feuilles vers le fond du bocal.

1. Place la bassine au soleil, remplis-la d'eau et verses-y un peu de bicarbonate de soude (il va libérer du CO_2 dans l'eau).

2. Plonge le bocal dans la bassine et vide-le complètement de son air en le maintenant à l'horizontale.

4. Pose le bocal dans le fond de la bassine, ouverture en bas, et attends quelques heures.

Quand tu reviens, de l'air s'est accumulé dans le haut du bocal ! Grâce à la photosynthèse, la plante a utilisé les rayons du soleil pour transformer le CO_2 (apporté par le bicarbonate) en oxygène.

Le coût de la pollution

Traiter l'eau, l'air et le sol, soigner les malades, construire des murs antibruit, tout cela coûte très cher. Les gens commencent donc à réfléchir autrement et à chercher des solutions pour fabriquer (en polluant le moins possible) des produits qui pollueront le moins possible. C'est l'« écoconception ».

Grand nettoyage

Les villes dépensent beaucoup d'argent chaque année pour nettoyer les immeubles noircis par les gaz des pots d'échappement. Elles sont aussi de plus en plus nombreuses à construire des stations d'épuration pour assainir les eaux usées avant de les rejeter dans la nature.

Quelques chiffres...

En 2004, la France a dépensé énormément d'argent pour lutter contre les différentes pollutions :

- eau : 11,5 milliards d'euros !
- déchets : 11 milliards d'euros !
- air : 2 milliards d'euros !
- bruit : 1,4 milliard d'euros !

Source : Institut français de l'environnement (IFEN).

Nature déchaînée

Les catastrophes naturelles comme les cyclones et les inondations sont de plus en plus fréquentes, sans doute à cause du dérèglement du climat. Et leurs dégâts sont terribles ! Il faut ensuite réparer, nettoyer, reconstruire. Les survivants qui ont tout perdu doivent aussi démarrer une nouvelle vie, et ça, ça n'a pas de prix !

Marée noire

En plus d'être catastrophique pour la nature, une marée noire revient très **cher** : pomper le pétrole dans l'eau, nettoyer les côtes, traiter des tonnes de déchets sont des opérations délicates et très coûteuses. Sans oublier qu'il faut **indemniser** les victimes et les villes touchées par la baisse du tourisme. Tout cela se chiffre en centaines de millions d'euros !

Or bleu

Plus de la moitié de la facture d'eau de ta famille sert à la dépollution, aussi bien pour capter l'eau et la rendre potable que pour traiter les eaux usées.

Message codé

En déchiffrant ce rébus, tu découvriras un dicton plein de bon sens.

Réponses p. 31.

Les lois de la pollution

Pour lutter contre les différentes pollutions, les pays ont créé des lois. Certaines ne s'appliquent qu'au sein de leurs frontières. D'autres, comme les directives européennes, sont votées à l'échelle d'un continent. Et des accords internationaux essaient de réguler la pollution sur toute la planète. Au fur et à mesure des progrès technologiques, ces lois sont mises à jour et les normes deviennent de plus en plus contraignantes. Mais elles ne sont pas toujours respectées...

Gaz à effet de serre

En signant le protocole de Kyoto, 35 pays industrialisés se sont engagés à réduire leurs émissions de gaz à effet de serre de 5,2 % d'ici 2010. L'Europe a même promis de les réduire de 8 %. Mais de gros pollueurs comme les États-Unis et l'Australie refusent toujours d'adopter ce texte...

Air

La loi sur l'air de 1996 reconnaît « le droit pour chacun de respirer un air qui ne nuise pas à sa santé ». Elle oblige à surveiller la qualité de l'air et à alerter le public en cas de pic de pollution.

Tabac

La loi Évin de 1991 interdit de fumer dans les lieux collectifs comme les écoles, les bibliothèques et les bus. En 2007, une nouvelle loi la renforce et oblige bars, restaurants et discothèques à devenir entièrement « non fumeurs ».

Pollueur = payeur ?

Faire payer aux pollueurs la prévention et la lutte contre la pollution qu'ils génèrent : ça paraît normal. Pourtant, ce principe est très difficile à appliquer car les grands pollueurs ne se laissent pas faire ! Ce sont souvent de grosses sociétés qui ont beaucoup d'avocats. Ou bien ces groupes ont beaucoup d'influence auprès des hommes politiques qui n'osent pas trop les mécontenter...

Eau

La directive européenne de 2000 fixe les **objectifs** de « bon état écologique » à atteindre d'ici 2015. Une nouvelle loi française est en cours d'élaboration pour atteindre ces normes de **qualité** des eaux.

Océans

La convention de Londres **interdit** de déverser des déchets en mer, notamment les déchets **radioactifs**.

Bruit

La loi de 1992 **sanctionne** les bruits de voisinage à toute heure de la nuit… et du jour !

Voitures

Grâce aux directives européennes, il n'y a plus de plomb dans les carburants et la quantité de soufre est à la baisse. Tous les nouveaux moteurs à essence sont aussi équipés de **pots catalytiques** pour réduire leurs rejets polluants.

Piles

Depuis 2001, il est interdit de jeter les piles à la poubelle. Il faut les déposer dans un collecteur afin qu'elles soient **recyclées**. On trouve ces boîtes partout où l'on peut acheter des piles.

OGM

Le protocole de Carthagène, de 2000, permet aux pays de refuser les OGM et oblige leur **étiquetage** et leur contrôle.

Lance-toi dans la politique !

Tu n'as pas encore le droit de voter. Mais si tu le souhaites, tu peux déjà influencer les décisions antipollution prises par les élus de ta ville, de ton département ou de ta région. Pour cela, deviens membre d'un conseil des enfants : avec d'autres jeunes, vous vous réunirez pour partager vos idées. Puis vous soumettrez des propositions concrètes au maire et aux autres élus, comme la mise en place d'un pédibus dans les écoles de la ville, ou l'organisation d'une exposition sur le tri sélectif.

Pour plus d'informations, rends-toi sur le site de l'Association nationale des conseils d'enfants et de jeunes : www.anacej.asso.fr

Les bons gestes

À la maison, à l'école, dans les magasins ou en vacances, tu peux réduire ton impact sur la pollution. Cela demande parfois quelques efforts, mais le jeu en vaut la chandelle ! Et n'hésite pas à en parler à tes parents et à tes amis. Plus on est nombreux à agir « dans le bon sens », plus c'est efficace !

À la maison

• Économise **l'énergie** : quand tu quittes une pièce, éteins la lumière et les appareils électriques (ne les laisse pas en veille) ; enfile un pull au lieu de monter le chauffage.
• Pour le jardinage, le nettoyage et le bricolage, encourage tes parents à utiliser des produits chimiques dotés d'un **écolabel**, plus respectueux de l'environnement : lessive sans phosphates, peinture sans solvant, etc.
• Les produits chimiques à jeter doivent aller en **déchetterie**, pas dans l'évier !
• Sois attentif à ne pas gêner tes voisins : ne fais pas trop de bruit.

Du calme !

Demande à tes parents de rouler lentement et en souplesse. Une conduite rapide et nerveuse, avec des coups de frein et d'accélérateur intempestifs, pollue beaucoup plus.

Au magasin

• Achète des produits **locaux** : leur transport jusqu'au magasin a produit beaucoup moins de gaz à effet de serre.
• Privilégie les aliments **biologiques**, sans pesticides ni conservateurs. Ils sont reconnaissables au logo AB.
• Refuse la nourriture contenant des OGM.
• Choisis les marchandises sans emballage ou emballées dans des matériaux **recyclables** (verre, carton, papier).
• À la caisse, refuse les sacs en plastique : adopte plutôt des sacs en toile **réutilisables**.
• Achète de préférence des piles rechargeables et sans mercure.

En balade

- Emballe ton pique-nique dans des boîtes en plastique **réutilisables**, pas dans de l'aluminium ou du film plastique.
- Rassemble tes déchets dans un sac ou dans tes poches et laisse le lieu au moins aussi **propre** que tu l'as trouvé.
- Après un pique-nique, rince-toi les mains dans la rivière sans utiliser de savon.

ON SE BOUGE !
Sur les petites distances, marche ou prends ton vélo plutôt que de te faire emmener en voiture. Tu peux aussi demander à tes parents d'organiser un pédibus ou un vélobus entre ton quartier et ton école : avec d'autres parents, à tour de rôle, ils accompagnent un groupe d'enfants à pied ou à vélo, sans danger et sans polluer !

Crée un club d'antipollueurs

Avec tes amis, tu peux mener des actions concrètes pour réduire la pollution.

- Demandez au directeur de votre école d'installer dans la cour des poubelles pour le tri sélectif, ou encore un garage à vélos pratique et sécurisé.
- Préparez un exposé sur les bons gestes à adopter pour moins polluer et demandez la permission d'afficher votre travail dans l'école.

- Le week-end, organisez des sorties « nettoyage » dans le quartier et jetez (dans les bonnes poubelles !) les objets qui auraient mis des centaines, voire des milliers d'années à se dégrader dehors : sacs plastique, canettes en métal, bouteilles en verre, etc.
- Si vous partez ensemble en vacances, faites la même chose à la campagne, à la mer ou à la montagne.

En cherchant bien, vous trouverez plein d'autres idées utiles !

Les métiers

Tous les jours, tu te comportes en « écocitoyen » et en « consommacteur », tu es attentif à polluer le moins possible. Peut-être as-tu même adhéré à une association de protection de l'environnement. Mais tu voudrais aller plus loin. Pourquoi, plus tard, ne pas mettre à profit ton travail pour lutter contre la pollution ? Voici quelques idées.

Savants pas fous

Pour lutter efficacement contre la pollution, il faut la connaître, comprendre d'où elle vient, comment elle se répand, etc. C'est le travail des scientifiques. Les **climatologues**, par exemple, étudient l'influence des gaz à effet de serre sur le réchauffement de la planète. Les **hydrobiologistes** s'intéressent à la santé des cours d'eau. Des physiciens cherchent des solutions pour réduire la durée de vie des déchets radioactifs, etc.

Police de la pollution

Les inspecteurs des directions régionales de l'Industrie, de la Recherche et de l'Environnement (**Drire**) surveillent les usines, les décharges et toutes les installations qui présentent un risque pour l'environnement. Ces ingénieurs s'assurent que les normes de sécurité sont bien respectées.

Détective d'intérieur

À la demande des médecins, les conseillers médicaux en environnement intérieur (CMEI) mènent l'enquête dans les maisons des personnes asthmatiques ou allergiques pour y détecter les moisissures, les acariens, les produits toxiques et tout ce qui empoisonne l'air intérieur. En France, cette profession a été créée en 1991. Un service du même type existe en Belgique. On les appelle les « ambulances vertes ».

Nettoyeurs en tout genre

Une fois que le mal est fait, il faut essayer de l'effacer. C'est le rôle des personnes qui travaillent dans les **stations d'épuration**, les décharges et les usines de tri, de recyclage et d'incinération des déchets. Quant aux **gardes-rivières** et aux gardes du littoral, ils entretiennent les cours d'eau et les bords de mer.

Mène l'enquête

Même si, chez toi, personne ne souffre d'asthme ou d'allergie, tu peux pister la pollution intérieure comme un CMEI et essayer d'assainir l'air que tu respires.

1. Vérifie auprès de tes parents que la chaudière fait l'objet d'un entretien chaque année par un professionnel.

2. Certains murs comportent des taches noires qui partent en les frottant (des moisissures) ? De la buée se forme souvent sur les vitres ? Le papier peint se décolle par endroits ? Ta maison est trop humide. Aère-la et parles-en à tes parents pour qu'ils se renseignent sur la cause.

3. Le sol est recouvert de moquette ou de tapis ? Ils abritent beaucoup d'acariens. Pour te débarrasser d'une partie d'entre eux, passe l'aspirateur et demande à tes parents de nettoyer la literie à 60 °C.

4. Quelle température fait-il ? Dans l'idéal, il doit faire entre 18 et 20 °C. Au-delà, les moisissures et les acariens adorent ça !

5. Ta famille utilise des diffuseurs de parfums d'ambiance ou des désodorisants ? Il vaut mieux les éviter et simplement aérer les pièces 15 minutes par jour.

6. S'il y a des fumeurs à la maison, traque les cendriers et vide-les à la poubelle.

7. Il y a des plantes vertes dans ta chambre ? Place-les dans le salon ou dehors. Interdis aussi l'accès de ta chambre aux animaux domestiques.

Glossaire

Aérosols : micropoussières présentes dans l'air.

Atmosphère : enveloppe de gaz qui entoure la Terre.

Bioaccumulation : accumulation de polluants tout le long de la chaîne alimentaire.

Cancérigène : qui peut causer un cancer.

CO_2 : dioxyde de carbone, ou gaz carbonique. C'est le principal gaz à effet de serre par sa quantité et sa durée de vie dans l'atmosphère.

dB : décibel. Unité de mesure qui définit l'intensité d'un son.

Écosystème : ensemble formé par un milieu naturel et les êtres vivants qui le peuplent.

Effet de serre : phénomène qui retient une partie de la chaleur du soleil à la surface de la Terre.

Gaz à effet de serre : gaz qui retiennent la chaleur de la Terre au lieu de la laisser s'échapper.

Hydrocarbures : composants du pétrole et du gaz naturel.

OGM (organisme génétiquement modifié) : être vivant (plante, animal ou bactérie) dans lequel on a introduit un gène d'une autre espèce pour lui apporter des qualités nouvelles.

Photosynthèse : réaction chimique naturelle qui permet aux plantes de transformer le CO_2 de l'air en oxygène.

Radioactivité : propriété de certaines roches qui émettent des rayons invisibles mais dangereux pour la santé.

Seuil d'alerte à la pollution : il est atteint quand la concentration des polluants est telle qu'une exposition de courte durée présente des risques pour la santé ou l'environnement. Des mesures d'urgence sont alors prises : informer la population, réduire le trafic automobile, etc.

Pour en savoir plus

À lire

- *La Nature et la Pollution*, collection « Les Goûters Philo », éditions Milan Jeunesse.
- *Écologuide de A à Z*, collection « Guides », éditions Le Cherche Midi.
- *L'Écologie : pour répondre aux questions des enfants*, collection « L'Imagerie des pourquoi-comment », éditions Fleurus.

Sites Internet

www.ademe.fr
www.ecologie.gouv.fr
www.ifen.fr
www.defipourlaterre.org
www.buldair.org
www.air-interieur.org
http://robindestoits.org
http://cmei.france.free.fr/

SOLUTION DES JEUX

Teste tes connaissances
Page 5

1C ; 2A et C ; 3A, B et C. ; 4A ; 5C ; 6B : le dioxyde de carbone (CO_2), le méthane (CH_4), le protoxyde d'azote (N_2O), l'hexafluorure de soufre (SF_6), les hydrofluorocarbures (HFC) et les perfluorocarbures (PFC).

Mange plus sainement
Page 7

1C, 2F, 3B, 4A, 5D, 6G, 7E.

Teste tes connaissances
Page 15

1C ; 2B ; 3A, B et C ; 4C ; 5A (les gaz d'échappement de la voiture qui roule devant se concentrent dans l'habitacle), puis B, puis C.

La pollution aux multiples visages
Page 19

les 6 sources de pollution : une usine, un tracteur, des déchets nocifs, des poubelles, un bateau en train de répandre du pétrole, un avion.

Message codé
Page 23

« Mieux vaut prévenir que guérir. »
MI - HEU - VEAU - PRÉ - VŒU - NID - R' - QUEUE - GAI - RIZ - REUH

Nos équipes ont vérifié le contenu des sites Internet mentionnés dans cet ouvrage au moment de sa réalisation et ne pourront être tenues pour responsables des changements de contenu intervenant après la parution du livre.

Dans la même collection

L'intérieur de ce livre est imprimé sur du papier dont les conditions de fabrication contribuent à préserver l'environnement.

www.editionsmilan.com

Loi 49.956 du 16.07.1949
ISBN : 978.2.7459.2436.0
Dépôt légal : 1er trimestre 2007
Imprimé en France chez Fournié